_____ 님께

_____ 드림

커피시인 윤보영의 캘리시집
아픔으로 왔다가 꽃으로 머무는 봄

초판 1쇄 발행 2017년 04월 10일

지은이_ 윤보영
캘리그라퍼_ 이지원
감수_ 정순임
펴낸이_ (주)카드들 심재성
편집·제작_ (주)북모아

출판등록번호_ 제25100-2016-000023
주소_ 서울 동작구 상도로 252 명승빌딩
전화_ 02)826-4868
팩스_ 0303-0691-4545
E-mail_ woodcard@naver.com
http://carddul.com

ISBN 979-11-958270-2-2 (03810)
값 12,000원

잘못된 책은 바꿔드리겠습니다.
저자와의 협의하에 인지는 붙이지 않았습니다.

이 도서의 국립중앙도서관 출판예정도서목록(CIP)은
서지정보유통지원시스템 홈페이지(http://seoji.nl.go.kr)와
국가자료공동목록시스템(http://www.nl.go.kr/kolisnet)에서
이용하실 수 있습니다. (CIP제어번호: CIP2017006759)

바람으로 왔다가
꽃으로 머무는

봄

윤보영 尹普泳

- 대전일보 신춘문예(2009)동시당선
  한국동시문학회, 한국동요문화협회 회원
  중학교 국어교과서 '어쩌면 좋지' 수록
  초등학교 음악교과서 '예쁜 둘레길' 동요 수록
  2015년도 '영화관을 찾아온 시 4편' 중 '웃음비' 등 3편 선정
  전국 감성시 쓰기 공식 특강 중

- **시집**
  「소금별 초록별」
  「사기막골 이야기」
  「바람편에 보낸 안부」
  「그대가 있어 더 좋은 하루」
  「커피도 가끔은 사랑이 된다」
  「詩가 있는 마을」

- **캘리시집**
  「커피와 詩와 사랑 그리고...쓰다」
  「커피는 사랑으로 다가서는 핑계」 등 15권 발간

  신간-캘리시집
  「바람으로 왔다가 꽃으로 머무는 봄」

  윤보영 시인 팬카페 「바람편에 보낸안부」
  주소 : http://cafe.daum.net/YUNBOYOUNG
  E-mail : quftldls@hanmail.net

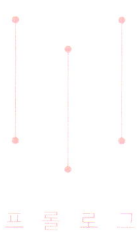

프 롤 로 그

안녕하세요? 커피시인 윤보영입니다.
지난 해 2권의 캘리그래피 시집을 발간하여 많은 사랑을 받고 있습니다.
그 사랑에 힘입어 올해 다시 봄을 내용으로 한 캘리그래피 시집 '바람으로 왔다가 꽃으로 머무는 봄'을 발간하게 되었습니다.
앞으로 여름과 가을, 그리고 겨울을 내용으로 한 캘리그래피 시집을 이어서 발간할 계획입니다.
캘리그래피 시집은 현재 붐이 일고 있는 캘리그래피에 감성시를 접목시켜 감동으로 이어지게 했습니다.
여러분의 사랑에 감사드리며 앞으로도 계속해서 좋은 글로 만날 것을 약속드립니다.
감사합니다.

서울 우이동 시가 있는 카페 '백란'에서 윤보영

차례

3월에는 꽃이 되고 싶다 • 11

삼일절 • 12

삼겹살데이 • 13

봄이 오는 길 • 14

경칩 • 15

따스한 그리움 • 16

그대를 사랑합니다 • 17

너와 마주 앉아 • 18

날마다 보내는 그리움 • 19

내가 그립거든 • 20

화이트데이 • 22

화이트데이2 • 23

내가 꽃이라면 • 24

봄비 • 25

꽃으로 피어난다면 • 26

그리움풀기 • 27

동그라미 • 28

향기로 적은 편지 • 29

춘분날의 명상 • 30

봄꽃 • 31

보고싶은 밤 • 32

봄과 너 • 34

가는 3월에게 • 35

전율처럼 • 36

마음의문 • 37

3월을 보내며 • 38

내 4월에는 향기를 • 39

만우절 단상 • 40

나들이 • 41

목련꽃을 보면 • 42

너라서 좋다 • 44

행복선물 • 45

행복한 내 4월 • 46

지금은 봄 • 47

아픔으로 왔다가 꽃으로 머무는 봄

오늘 너처럼 • 48
감동커피 • 49
너는 꽃이야 • 50
그대는 내사랑 • 51
블랙데이 • 52
내 그리운 이여 • 53
내 가슴에 살아 있는 꽃 • 54
나비처럼 • 55
꽃 한 송이 • 56
나처럼 • 58
봄을 닮았습니다 • 59
진달래꽃 • 60
벚나무 • 61
부활절 • 62
봄은 • 63
마음 속에 • 64
가장 행복해 보이는 꽃 • 65

내 눈에 핀 꽃 • 66
5월에는 사랑을 • 67
사랑 밭 • 68
라일락 향기 • 70
부처님 오신 날 • 71
참 좋은 아침 • 72
어린이 날 • 73
아카시아 꽃 • 74
입하 • 75
어버이 날 • 76
사랑은 이런 거야 • 77
백일홍 꽃처럼 • 78
빈자리 • 79
아시는지요 • 80
로즈데이(5월14일) • 82
로즈데이2 • 83
로즈데이3 • 84

아픔으로 붉다가 꽃으로 머무는 봄

스승의 날 • 85

여운 • 86

지우기와 그리기 • 87

답 없는 질문 • 88

부부의 날 • 90

소만 • 91

월요일 커피 • 92

화요일 커피 • 93

수요일 커피 • 94

목요일 커피 • 95

금요일 커피 • 96

토요일 커피 • 97

일요일 커피 • 98

단오 • 99

이파란으로 왔다가 꽃으로 머무는 봄

3월에는 꽃이 되고 싶다

3월에는
꽃이 되고 싶다

마음에서
고운 향기가 나는 꽃!

나를 보고 다가오는
바람에게
비로소 안부를 전하고 싶다

안부에
향기를 나누는
여유가 담겼으면 좋겠다

여유 속에서
한번쯤, 꽃을 심은 마음도
헤아려 보아야겠다

꽃인 나를
모두가 알아볼 수 있게
아름다운 꽃이 되고 싶다

꽃을 보는 사람마다
가슴에 행복이 담기는
행운의 꽃이었으면 좋겠다

꽃인 내가 행복한 것처럼
모두가
행복한 꽃이 되었으면 더 좋겠다

삼일절

내일은 3.1절
집집이 걸릴 태극기를
마음에 미리 달았습니다

태극기처럼
봄 들판에, 손을 흔들며
올라오고 있는 새싹들!

새싹들 마음에
3.1절 기운을 보탭습니다
힘찬 아침입니다

삼겹살데이 (3월 3일)

너는 잘 익힌 삼겹살을
상추를 싸고

나는 보고 싶은 마음에
네 생각을 보듬어
그리움으로 싸고
한 입 가득 넣어 주며
나눌 수 있는 행복

봄이 오는 길

새싹눈여
새소리눈여
물소리눈여
꽃들눈여

입장!

네가 걸어온다
내 가슴에 난 봄길로

경칩

똑똑똑
"일어나 경칩이야!"
땅속의 개구리를 깨우고
"나 일어났는데!"

똑똑똑
"일어나 경칩이야!"
땅속의 씨앗을 깨우고
"나 싹 준비중이야!"

똑똑똑
"너도 나와봐, 경칩이야!"
내 안의 그대를 깨우고
"곁에 있잖아!"

따스한 그리움

가을부터
꽃망울을 맺는 목련 나무도
겨울을 이겨내야 꽃으로 피지 않아

사랑을 위해서라면
겨울보다 더 큰 고통이 있다 해도
참 볼래

아프긴 해도
그리움은 따뜻하지 않아

그대를 사랑합니다

내가 아침을 좋아하는 이유는
밤새 그리움에 얼룩진 내 얼굴을
깨끗하게 지울 수 있기 때문입니다

깨끗이 지워낸 그 위에
그대 모습 더 선명하게
그릴 수 있기 때문입니다

오늘 아침도 커피 한 잔을 들고
내 안의 그대와 만나
진한 감동을 나눕니다
만날 때마다 설렘을 주는
아침 같은 그대!

그대를 사랑합니다

너와 마주앉아

언젠가
너와 마주앉아
커피를 마셨잖아

잔을 들고 있는 그 모습이
정말 예쁘게 있지

테이블을 건너온 느낌이
내안으로 흐르는데
가슴이 떨려서 죽는줄 알았어

아니,
죽어도 좋겠다 생각했어

날마다 보내는 그리움

아침녘에
차 한 잔 마시면서
더 그리움이 느껴지소 퍼는
제 마음이 다녀갔거니 여기소서

오늘처럼
내일도, 모레도
그다음 날에도
늘 그대에게

그리움을 보낼 테니까

내가 그립거든

내가 그립거든
햇살 고운 창가에 앉아
커피 잔을 들여다 보아요

그 속엔
그대 생각하며 적은
편지가 있을테니

이 면은 독자님과 함께 하기 위해 비워둔 공간입니다
캘리그라피나 자작시로 꾸며 선물하시면 더 뜻 깊은 시집이 됩니다.

화이트데이

3월 14일
오늘은 사탕 주는 날
사탕보다 더 달콤한
내 마음 보내는 날
내가 더 많이 생각해 주는 날
이로는 내가 행복한 날

화이트데이

사람들은 오늘
커피에
받은 사탕을 넣고 삼켰지만,

나는
사탕을 준
네 마음을 넣고싶어

사탕보다
백배 천배 달콤한,

눈을 감아볼래?
그리고
가슴 살짝쿵 열어봐

방금
사탕보다 달콤한
내 마음을 두고 왔어

보고싶고 줄 수 있는
네가 있어 나는 행복해

내가 꽃이라면

내가 꽃이라면
그대 좋아하는 꽃이 되고 싶소네

향이 좋은 꽃이라면
그대 곁에 머무는 꽃이 되고 싶소네

그대 곁에 머무는 꽃이라면
그대 행복에 보탬이 되는
향기 좋은 꽃이 되고 싶소네

그대 행복이
곧 내 행복이라는 것을 아는
행복한 꽃이 되고 싶소네

봄비

아침에 창문을 열었는데
비가 내리는 거야
이십 센치 이런까
기분이 좋았어

목마른 대지는 봄이 젖어 좋고
내가 보고 싶은 나는
그리움을 적어 좋고

꽃으로 피어난다면

꽃봉오리가 꽃으로 필 때
뿌리에게
감사하는 마음을 전하듯
늘 내 안에 머무는 그대도
꽃으로 피어난다면
나도,
그리움을 주고 간 그대에게
감사하는 마음을 전하렵니다

그리움 풀기

솔~솔~
커피 잔이
그리움을 풀어낸다

어제 풀던 그리움도
아직 못다 풀었는데
내일이면
다시 더 보태질 그리움

솔~솔~
커피잔에 담긴 그리움이
물감처럼 번져난다―

동그라미

아침에 일어나
마음에 동그라미를 쳤습니다.

원래는
행복한 하루 였으면 하는
저녁에 동그라미를 쳤지만
오늘은 아침에 쳤습니다

동그라미 속에
행복이 넘치도록 아름다운
시간으로 보낼 자신이 있습니다.
꼭 그렇게 하겠습니다

향기로 적은 편지

눈빛이 고운이여!
오늘도 차 한 잔 앞에두고
그대에게 향기로 편지를 적었습니다—

보고 싶어 마음은 들떴지만
애틋한 그리움을 펼쳐놓고
생각나는 대로 적어 보았습니다—

그립게 만들려면 만들라지요
그리울 각오하고 나는 내일도
오늘처럼 당신에게 편지를 쓰렵습니다—

바람편에 편지를 보내두고
지금도 사랑할 수 있는 것에 감사하며
행복한 미소를 지었습니다—

춘분날의 명상

오늘은 춘분
우리 사랑도
낮과 밤 길이가 같은 오늘처럼
크기가 같았으면 좋겠다

봄꽃 피우는 산과 들처럼
서로 가슴에
웃음꽃 가득 피워주는
행복한 사랑이었으면 좋겠다

서로에게
향기를 나누어 주는
느낌 좋은 사랑이었으면 좋겠다

그 사랑이 지금 하는
내 사랑이었으면 좋겠다

봄꽃

추위를 이겨내는
고통이 있었기에
봄꽃이 아름답다는군요

그리움을 참다 보면
그대
내 가슴에
꽃처럼 필 날도 있겠지요

보고싶은 밤

하루종일
네 이름만 되뇌다 보니
더 보고 싶어진다

오늘따라 비까지 내리고
이러다 내 가슴에 홍수 지겠다

보고 싶다 못해
아프도록 그리운 밤

이 면은 독자님과 함께 하기 위해 비워둔 공간입니다
캘리그라피나 자작시로 꾸며 선물하시면 더 뜻 깊은 시집이 됩니다.

봄과 너

봄은 바람으로 오고
너는 미소로 오고

봄은 향기로 오고
너는 생각으로 오고

봄은 꽃으로 오고
너는 꽃밭으로 오고

봄은 왔다가 다시
봄으로 가고
너는 왔다가
내 안에
사랑으로 머물고

가는 3월에게

3월이 되었다고
서운 소식 전하며녀서 맞은 3월이
4월로 가고 있습니다

씩씩한 봄손으로 다가와서
사작에게 꽃을 불러내며
부지런히 뛰어다닌 3월!

4월을 앞에 두고 돌아보니
참 멋진 3월이였습니다
사랑이 넘쳐나던 3월이였습니다

자기가 봄이면서
우리가 봄이라며
양보할 줄 아는 3월
친구같이 내 편 되어 주는 3월!

이 멋진 3월에게
꽃을 선물해였습니다
얼굴 가득 미소를 담은
웃음꽃을 선물해였습니다

전율처럼

커피에
네 생각 섞어 마셨다가
그리움이 전율처럼 감기는데
감전되는 줄 알았어

온통
네 생각만 하다가
하루를 보냈어

그래도
기분이 좋더라

마음의 문

잠을 청하기 전
내 마음에
문을 열어둡니다
그대가 왔다가
문이 잠겨
돌아갈까 봐

3월을 보내며

봄이라고 소리치며
싸늘하게 달려온 3월이
4월을 향해 천천히 가고 있습니다

1월과 2월이 그랬듯
이만큼 와서 보니 3월도
의미 있는 달이었습니다
사랑이 넘치는 한 달이었습니다

산과 들을 보듬어
새싹을 틔워주고
나뭇가지에서
꽃과 잎을 불러내던 3월!

싸늘하고
부지런한 3월에게
다시 올 때 머뭇거리지 않게
우리 큰 소리로 말해봐요

3월~
고마웠어
잘 가!

내 4월에는 향기를

내 4월은
향기가 났으면 좋겠습니다

3월에 피었던 꽃향기와
4월을 기다렸던 꽃향기!
고스란히 내 안으로 스며들어
눈빛에도 향기가 났으면 좋겠습니다

향기를 나누며
아름다운 4월을 만들고
싱그러운 5월을 맞을 수 있게
마음을 열어두어야 겠지요.

4월에는
한달 내내 향기속의 나처럼
당신에게도
향기가 났으면 더 좋겠습니다

마주 보며 웃을수 있게
그 웃음이 내 행복이 될 수 있게

만우절 단상

만우절, 만우절
만우절, 만우절
만우절은
어디서 왔을까?

하늘에서 떨어졌나
땅에서 솟았나?

돋아나는 나뭇잎에서 왔나
쏟아지는 봄비에서 왔나?

'만우절이야!'
만우절에 툭고 알았다
일상을 내려놓고
잠시 웃는 웃음에서 온다는 것을.

나들이

덜커덩 덜커덩!
커피 위를 기차가 지나간다

그대 생각
내 생각
나란히 놓이고

그리움 속으로
나들이를 간다

덜커덩 덜커덩!
덜커덩 덜커덩!

목련 꽃을 보면

백목련은 사랑이고
자목련은 그리움입니다

그래서
목련 꽃을 보면
그대가 먼저 생각납니다

그만큼
더 행복합니다

이 면은 독자님과 함께 하기 위해 비워둔 공간입니다
캘리그라피나 자작시로 꾸며 선물하시면 더 뜻 깊은 시집이 됩니다.

너라서 좋다

나는
커피닮은 사람이 좋다

진한 커피처럼
분위기 있으면서 포근한 사람

부드러운 커피처럼
넉넉하고 느낌이 강한 사람

그 사람이 너라서 좋다

행복선물

사랑은
행복의 시작입니다

이 사랑을
그대가 준 선물이기에
더 행복합니다

내 사랑도
그대에게 보냅니다

나보다 더
그대가 행복했으면 좋겠습니다

행복한 내 4월

4월입니다
향기나는 4월입니다
꽃향기보다
내 향기가 더 진한 4월입니다

1년 조망이 이루어지고 있는지
문득 되돌아보고
만족한 미소를 지게될
의미있는 4월입니다

내 안에 피운 꽃을
산과 들에 사랑으로 옮겨 심을
가슴 따뜻한 4월입니다

4월에는 꽃이 되겠습니다
가슴 가득 향기를 담고
당신에게 행복으로 선물 될
아름다운 꽃이 되겠습니다

4월에는 마음을 열겠습니다
내 안과 내 밖에
가득 핀 꽃을 볼 수 있게
활짝 열겠습니다

올해도
이 멋진 4월을, 내 1년의
행복한 달로 만들겠습니다
늘 그랬던 것처럼
내가 더 사랑하며 보내겠습니다

지금은 봄

혹
뷔
보고 싶으면
곁에
꽃이 왔나 찾아보세요

그대
그리운 마음을
꽃으로 피워놓고
기다리고 있을 테니

오늘 너처럼

오늘따라
커피의 표정이 밝아집니다

내가 기분 좋은걸
커피 너도 아나보다

좋아하는 사람 생각할 때는
지금처럼
정들어 눈치채는 커피!

커피의 표정이 밝아서
나도 좋다.

감동커피

오늘은
아침부터 마음이 짠하다

가끔은 그리워서 짠했고
더러는 감동으로 짠했는데

커피 마시는 지금은
그대와 함께 걷고 싶어 짠하다

너는 꽃이야

꽃은 시들기 때문에
꽃이라고 한다는 얘기를 듣고
내가 꽃이라고 생각한 내가 미안했어

하지만 어쩔 수 없어
너는 꽃이야
예쁜송아

늘 내 안에서
시들 새도 없이 다시 피는 …

그대는 내 사랑

사랑하는 사람은
생각하고 있어도 그립고
사랑하는 사람은
앞에 있어도 그립다

사랑하는 사람은
꿈속에서도 그립고
사랑하는 사람은
함께 걸어도 그립다

답고 살아도 그립고
떨어져 살아도 늘 보고 싶은 그대

블랙데이

연인이 아니면 어때
없으면 없는대로 우리끼리 만나자

비벼놓은 자장면에 눈물이 담겨도
내편이 있잖아
내편이 있잖아

나는 너를 위로하고
너는 나를 위로하고

우리끼리 만나자

내 그리운 이여

내 얼굴에
미소를 준 이여!

내 가슴에
행복을 담아준 이여!

꽃 내가
가득 핀
나무가 되게 해준 이여!

그 나무를 일상에 심고
하루하루를
아름답게 살아가도록
이끌어준 이여

보고 싶다
차 한잔을 마셔도
먼저 생각나는
내 그리운 이여

내 가슴에 살아 피는 꽃

나무에
버섯이 피면
썩고 있는 증거라

하지만, 내 가슴에
그대가 꽃으로 피는 것은
살아있는 증거야

그대
내 가슴에
살아 피는 사랑 꽃

나비처럼

커피를 마시는데
주위에
나비가 날아다닙니다

잠시 내려놓은 내 일상에
그대 생각을 단 나비가
날개를 달고 찾아왔나 봅니다

날아갈 듯 가벼운 이 기분~!
아~
행복해

꽃 한송이

부딪돌 부딪치듯
그대 생각이
내 생각에 부딪칠때
그리움이 깨어난다

빗줄기 속에서도 부딪치고
숲속에서 부딪치고

깨어난 그리움은
내 가슴 한쪽에 꽃으로 피어난다

이 면은 독자님과 함께 하기 위해 비워둔 공간입니다
캘리그라피나 자작시로 꾸며 선물하시면 더 뜻 깊은 시집이 됩니다.

나처럼

커피는
맛으로 마시는 거래
아니 향으로 마셔도 좋고,

커피는 분위기로 마시는 거래
아니, 좋아하는 사람과 마시면 더 좋고.

커피는
가끔 그리움으로 마시는 거래
지금 널 생각하고 있는 나처럼

봄을 닮았습니다

참 고운 모습이
봄을 닮았습니다

선명한 눈빛이 얼마나 고운지
"꽃이다!" 소리치고 싶도록
폭 닮았습니다

향기로운 목소리가
가슴 가득 담기는데
내가 나를 잊을 정도로
기쁨 좋게 닮았습니다

담아 놓은 찻물 위에
가랑가랑 담기는 그대!

그 사람이
당신이어서 좋습니다

진달래꽃

오늘은
진달래 꽃이
귀엽다

연한 분홍빛이
볼이려니
입술이려니 여겼노라

오늘은
꽃이 네 얼굴이다

꽃을 보고있는 나도
웃게 하는
웃는 네 얼굴이다

벚나무

"거봐라
잎 너무 크게 벌리고
웃지 마라 했지!"

꽃잎 떨어진
벚나무에게 말했다

"아니
아니라니까!"

꽃보다
열매가 먼저라며
작은 주먹들을 흔드는
벚나무

부활절

오늘은
부활절!

커피 한 잔 앞에 두고
일상을 깨워
나부터 먼저 보았습니다

그런 다음
행복한 마음으로
부활절의 깊은 의미를
다시 생각해봅니다

사랑하는 마음으로
사랑하겠다는 마음으로

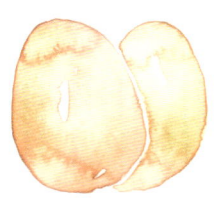

봄은

꽃 가득 핀
봄은 바다다

아니
봄은 섬이다

너를 바다 가운데
꽃으로 피운

마음속에

나를 봐요
보이지 않지요
그래요
나는 늘
그대 마음속에
있으니까

가장 행복해 보이는 꽃

여기저기 꽃을 피우던 봄이
어느 꽃이
가장 행복해 보이냐고 물었다

아름다운 장미꽃
향기로운 라일락 꽃
품위있는 매화꽃
무리지어 핀 벚꽃!

아니, 아니, 아니,
아니라고 대답하던 봄이 말했다

웃음꽃 활짝 피운
바로 너!

내 눈에 핀 꽃

그대, 내 눈에
꽃으로 피었습니다

꽃은 꽃대로 곱고
향은 향대로 감미로운
늘 생각으로 보듬는 그대

내 사랑입니다

5월에는 사랑을

5월, 너를 나는
사랑이라 말해야겠다

내 사랑에 미소 지을
그 미소와 함께 웃음 주인이 되게
5월을 사랑하며 보내야겠다

싹 돋아난 떡잎이 꼴부터 벌리 듯
다가진 우리 5월을 위해
힘차게 사랑을 포효치련다.

내 사랑이 다에게 들이와
행복이 되도록
깊은 감동이 되도록

5월에는
내가 생각해도 가슴 찡한
아름다운 사랑을 해보련다

사랑밥

그댓 생각 펼쳐 둔
그리움을 접었다

손수건처로럼 접고
다섯번을 더 접었다
손에 들고 후~ 불었다

가슴으로 날아가는
그댓 생각, 생각들

싹이 돋고
꽃이 피면
사랑 밥이 되겠지

이 면은 독자님과 함께 하기 위해 비워둔 공간입니다
캘리그라피나 자작시로 꾸며 선물하시면 더 뜻 깊은 시집이 됩니다.

라일락 향기

라일락 향기를
늘 맡을 방법은 없을까요?

- 그대 곁에
라일락 한 그루를 심어두고
그대 생각 할 때마다
향기가 묻어오게 하는 것 -

부처님 오신 날

내 안에
미소로 머물면서
늘 힘이 되어 주는 당신!

오늘은 당신이
꽃으로 피었습니다

당신이 피운 꽃을 보면서
나도 오늘은
사랑한 만큼 향을 내는
꽃이었으면 좋겠습니다

당신 가슴에 피었으면
더 좋겠습니다

참 좋은 아침

조용한 아침입니다

내 안에
덩쿨장미처럼 피어나는 그대 생각을
가슴에 꽂았습니다

꽃 속에 꽃
미소 짓는 그대 모습 보면서
기분 좋게 하루를 엽니다

어린이 날

신났다 신났어
꽃과 나무가 짝짝짝짝,
산과 들이 짝짝짝짝!

신났다 신났어
엄마와 아빠도 짝짝짝짝,
집집마다 짝짝짝짝!

오늘은 어린이날
어린이를 위해 짝짝짝짝,
모두다 짝짝짝짝!

짝짝짝짝!
짝짝짝짝!

아카시아꽃

여기도 콕
저기도 콕

마음을 찔러대는
향기 좋은 아카시아꽃
내 그리움을 찔러대는
그대를 닮았는지
그냥 좋다

입하

오늘부터 여름이다

봄꽃이 너무 많아
아직 다 데려오지 못해
아침기온이 서늘한 여름이다

내 안에
마중나와 데려온
네 생각이 무성하게 들어찬
여름이다

꽃보다
네가 더 보고싶은
여름이다

어버이날

오늘 알았습니다
화분에 꽃을 보고
부모님 마음을 다시 알았습니다

비가 쏟아져도
물을 주지 않으면
처마 안 화분에 갈증이 일 듯

가까이에 살아도
찾아가지 않으면
부모님은 늘
외롭게 지낸다는 사실을 알았습니다

늦게라도 알았으니 다행입니다
알았으니 먼저 연락하고
얼른 찾아가 뵈어야겠습니다

죄송합니다
그리고
사랑합니다

사랑은 이런 거야

갑자기
하늘에서
행복이 뚝딱 떨어진다면
０．１초
너에게 줄 거야

너의 행복이
곧 나의 행복이니까

백일홍 꽃처럼

그대는
내 안에
결 고운 눈빛으로 피어난 꽃!

예쁜 미소로 피고
가냘픈 몸짓으로 피어난 꽃!

향기 대신
그대 생각을 내밀고
기억해 달라며 기다림으로 피어난 꽃!

꽃이 피었다
그대가 피었다

빈자리

그대 떠난 빈자리에
무엇이든지 채워보려고
정신없이 다녔습니다

그러다 얻은 것은
그대 외에 채울 것은
아무것도 없다는 것!

결국, 자리를 비워 둔 채
기다리기로 했습니다.

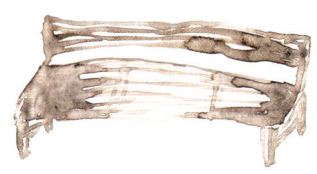

아시는지요

아시는지요?
당신보다 내가
당신을 사랑하는 걸

그래서
당신보다
내가 더 행복하다는 걸.

그것이
앞으로도
내가 더 당신을
사랑해야 하는 이유라는 걸!

이 면은 독자님과 함께 하기 위해 비워둔 공간입니다
캘리그라피나 자작시로 꾸며 선물하시면 더 뜻 깊은 시집이 됩니다.

로즈데이 (5월 14일)

로즈데이에는
좋아하는 사람에게
장미꽃을 선물하지만
나는 오늘
너를 만났으면 좋겠어.

생각만 해도 감미로운 그대는
날 향기 나게 하는 장미거든

로즈데이

오늘은
잠시라도 좋으니
세상 모든 사람을 장미꽃으로 보자

미워하는 사람도 장미꽃
시네하는 사람도 장미꽃!

좋아하는 사람 얼굴을 장미꽃으로 보듯
아름다운 세상이 되게
세상 모든 사람을 장미꽃으로 보자

나도
장미꽃이 되자

로즈데이

오늘은 로즈데이!
꽃이 되고 싶다

줄 수 만 있다면
그대에게 선물로 줄 수 있는
장미꽃이 되고 싶다

꽃을 받고 행복해할
그대 모습을 보며
따라 행복을 느끼는
행복 꽃이 되고 싶다

스승의 날

행복한 사람은
가슴에, 참스승 한 사람을
담고 지낸다 했습니다

꽃을 보면
꽃이 될수 있는 여유를 일깨워 주고
열매를 보면
그 열매를 얻을수 있는
지혜를 길러 준 사람!

그 사람이 내 안에 있습니다.
주신 사랑에
내가 사랑으로 보답할 수 있는 당신!

오늘, 스승의 날 (5월 15일)
내 안에서 당신을 만났습니다

행복합니다

여운

어제 마신 커피 여운이
아침까지 따라왔다

아름다운 분위기
부드러운 향기
감미로운 음악
달콤한 네 생각...

모두 같이 출발 했는데
언제나 네 생각이 일등이다

지우개와 그리기

오늘
그대 마음 한번
다 지워보시겠어요.

지워진 공간에
당신 얼굴 그려드리고 싶어서요

그 얼굴 꺼내보고
당신이 얼마나 예쁜지
자정하는 분 보내 하고 싶거든요

거울에 보이지 않았던
진짜 모습을 보고
제가 했던 말이
사실이라는 것을 알 테니까요

당신을 보고
내가
행복해하는 이유까지도요

답 없는 질문

뜨거운 태양은
나뭇잎 하나로 가릴 수 없고
쏟아지는 비는
우산 하나로도 피할 수 있지만
가슴 가득 내 그리움은
무엇으로 가려야하나.

이 면은 독자님과 함께 하기 위해 비워둔 공간입니다
캘리그라피나 자작시로 꾸며 선물하시면 더 뜻 깊은 시집이 됩니다.

부부의 날

둘이 만나 하나가 된 우리!

사랑으로
칭칭 동여매고도 모자라
사랑하느냐고 확인해 보는 날

"응"

이 한 마디에 감고있던 사랑이 풀리고
사랑의 주인공이 되는 날

오늘은 그런날
서로의 소중함을 확인하는 날

소만(小滿)

오늘은
햇볕이 풍부하여
식물이 성장하는 소만(小滿)입니다

햇볕 잘 드는 창가에 앉아
커피 한 잔 마시면서
행복을 느끼는 지금도
사랑이 만든 소만입니다

작은 행복이 모여
따뜻한 사회가 될 수 있게
사랑을 나누렵습니다

나누면서
넉넉한 미소를 짓겠습니다

월요일 커피

월요일 아침은
한 주의 시작인가요?
아니죠
이미 시작해 봤으면
절반은 와 있는데죠?

나머지 절반을
마음먹은 것처럼 잘 보내 달라고
내가 나에게 커피 한 잔 어때요?

월화수 목금토일
일주일을

즐기면서 달려라 달리고
부탁하는 커피!

우리 기분좋게 마시고

오늘 하루 웃으며 달리고
그 여운 내일 아침까지 이어가서
화사한 화요일을 맞이해요

화요일 커피

흥흥하웃다가
화사하게 꽃을 피우는 날이
화요일이라 했지요

그 꽃을
나의 꽃으로 피우다 보니
내 가슴이
온통 꽃밭으로 되었어요

그런데
꽃밭에서
커피 향이 나는 이유는 무엇일까요?

화요일 오늘도
동화처럼
커피 좋아하는
그대 생각하며
꽃을 피웠기 때문입니다

수요일 커피

이틀을 부지런히 달려왔는데
나머지 이틀을
알차게 더 채우면
멋진 한 주가 마무리 되잖아요.

그 가운데 수요일이 있어요.

웃음소리 들려오는 가족이 있고
생각만 해도 좋은 친구가 있고
그 가운데
행복한 내가 있는 것처럼.

부지런히 달려온 나를 격려하고
콧노래 부르며 다시 달려갈 나에게
커피 한 잔 어때요?

왠지 모르게 술술 풀릴 것 같은
부담 없는 오늘은
수요일이잖아요.

목요일 커피

목요일이라고
목숨 걸고 일하지 마세요

지금까지 해온 것처럼
커피 한 잔 마실 여유를 갖고 일해요

한 주를 위해
한 달을 위해
일년을 위해
먼 미래를 위해
주춧돌 하나 더 놓는다는 마음으로
행복한 목요일을 만들어요

생각에 힘을 풀고
즐기면서 보내요.

늘 그랬던 것처럼
오늘이
기분좋은 목요일이 되잖아요

금요일 커피

한 주 동안 잘 지내 왔다고
이제 오늘만 지내면 즐거운 주말이라고
나에게 커피 한 잔 권해보자

커피 잔을 들고
"대견해!"
칭찬 한 마디 해보자.

내가 나를 칭찬한다고
내가 나에게 칭찬받았다고
부끄러워 할 것 없다.

세상에서 가장 소중한 사람은 나
그런 내가 알차게 채운 한 주!
당연히 칭찬받을 자격있다.

내일 지내면
또 한 주를 시작할 나
새로울 한 주도 여유롭게 열도록
커피 한 잔 마셔보자

토요일커피

토토,
토요일
부지런히 달려온 토요일은
일주일의 꽃!

일상을 잠시 내려놓고
꽃을 바라보면서
나를 위해
커피한잔 마시는 여유를 주는날

무엇해도
누구를 만나도
커피처럼 은은한 마음이면
OK!

일요일 커피

일요일, 오늘은
내 안의 '연'을 날리는 날

하늘 높이 날고있는 연처럼
내가 날린 연도
더 높이 날게 실을 풀어 주는 날

나에게 기쁨 주는 일을 해보면서
즐겁게 줄을 이어주는 날

즐겁게 마시는 커피 한 잔에도
꼬리 한번 더 흔드는 연
흔드는 만큼 더 높이 올라가는 연!

내가 줄을 잡고 있는 연
알고 보면 지금 내가 그 행복의 연!

단오

음력 5월5일
오늘은 단오!

내 그리움에
그네를 매고
그대에게 가면
어떻게 하늘련지?

걱정마
왜 왔냐고 물으면
돌아오면 되니까

앞으로 간만큼
뒤로 돌아오는게
그네니까-

제 글씨가 당신에게 숨결처럼 가닿길.

- 캘리그라피 작가 이지원 (필명:숨결)

- **2015**
  제 17회 대한민국서예술대전 입선

- **2016**
  2016 한글일일달력전 참가
  묵묵히 애쓰다전 참가
  2016 서울일러스트레이션페어 참가 "숨결의조각"
  잇츠스킨 플라워셀 kit 광고자막,캘리그라피 작업
  ebus 버스 캘리그라피 작업
  한국민속촌 사극대축제 캘리그라피 참가
  제 18회 대한민국서예술대전 입선
  2016 마이스타일트렌드페어 참가 "조각의 숨결 365"

- **2017**
  2017 한글일일달력전 참가
  꽃보다e버스 버스캘리그라피 작업

바람으로 왔다가 꽃으로 머무는 봄을 펴내면서...

커피시라는 독창적인 영역을 개척한 커피시인 윤보영은 커피시를 통해 사랑을 나누고 행복을 전하는 많은 따스한 감성시들을 발표해 왔습니다.

슬픔과 아픔 고통과 연단의 시간들을 통해 나오는 시들을 추구하기보다는 시를 통해 힐링이 되는 가슴 따뜻한 시들을 쓰기에도 부족한 시간이라는 철학을 가지고 있습니다.

윤보영 시인은 감성시 쓰기 특강을 통한 재능기부와 매년 전국어린이 동시낭송대회를 주관 후원하고 있으며 최근 중국 내몽고지역 쿠비치사막에 윤보영시인의 숲을 조성하기로 협약을 맺는등 왕성한 활동을 하고 있는 바 시인과의 만남은 시들을 통해 밝고 행복한 에너지를 얻기에 충분합니다.

팬카페- 바람편에 보낸안부와 밴드-커피도 가끔은 사랑이 된다를 통해 읽게 된 시 중에 계절에 관한 많은 시들이 있음을 발견하고 매일 매일 커피 한 모금, 시 한 편을 365일 계속하는 시집을 발간하게 되었습니다.

    그 중에는 SNS에 천 만번 이상 조회되고 공유된 동영상 가슴에 내리는 비(여름편)와 12월의 선물(겨울편)이 있으며 모든 절기와 매 달의 시가 있고 월요일부터 일요일까지의 요일 커피시가 있습니다.

    매일 안부를 한 편의 감성시로 나눈다는 것이 얼마나 멋진 일인가를 생각하며 바라건대 많은 독자들이 이 어려운 세대에서 좀 더 밝고 따뜻하고 아름다운 감성들로 행복했으면 하는 소망으로 이 캘리그라피시집(봄편-바람으로 왔다가 꽃으로 머무는 봄)을 펴냅니다.

    특별히 본 시집에서는 독자들이 캘리그라피와 자작시들로 꾸밀 수 있는 여백을 두어 함께 시집을 완성하는 뜻 깊은 선물입니다.

    이 지면을 통하여 윤보영 시인과 즐겁게 캘리그라피 작업을 해 주신 이지원 작가, 그리고 원고를 감수해 주신 바람편에 보낸 안부 정순임 대표운영위원께 감사를 드립니다.

2017년 4월 펴낸이 *심재성*

아픔으로 붉다가 꽃으로 머무는 봄